映画で見なおす同時代史

梅野正信

本書でとりあげた映画には、特定の国、あるいは特定の地域にあって、長い年月の間公的に表明することを許されず、顧みられなかった歴史的事実が、描かれている。それは、その国の、ある地域の人々は誰もが知っており、知っていて公言することを禁じられ、いつか事実の明らかにされることを願っていた事実である。したがって、これらの映画は、見る者に、これまで自身が自明のものとして落ち着かせ納得させてきた歴史的印象、歴史的評価の変更を求めてくる、そのような映画である。

筆者自身、不勉強ゆえに、なぜ自身が事実と違う印象を持ち続けていたのか、赤面しつつ問い直した。自身の判断、歴史的評価が、どのように影響を受けていたのかを反省し自省をすることになった。

「カティンの森」の責任をソ連が公式に認め、ゴルバチョフ大統領が謝罪したのは、事件（一九四〇年）から五〇年を経た一九九〇年である。

一九五六年のハンガリー事件（「君の涙ドナウに流れ」で取りあげる。以下同じ）で失脚したイムレ・ナジが名誉回復を得たのは一九八九年、冷戦構造とソ連の崩壊を待たなければならなかった。

台湾二二八事件（「悲情城市」）が不当な虐殺であったと、中華民国政府総統の李登輝が政府として謝罪したのは、事件から四八年後の一九九五年。朝鮮戦争下の韓国で起きた保導連盟虐殺事件（「ブラザーフッド」）に対する盧武鉉大統領の謝罪は、事件から五八年後の二〇〇八年であった。

長い間テロ組織と喧伝されてきたＩＲＡの評価は、ブラディ・サンデー事件（一九七二年）から三八年後、二〇一〇年、キャメロン首相の謝罪によって、その評価を変える。同様に、テロ組織とされたケニア・マウマウ（「おじいさんと草原の小学校」）は、主人公キマニ・マルゲが最初に投獄された一九五一年から五一年後の二〇〇二年、ムワイ・キバキが大統領となって、再評価が進んだ。

「さらば、わが愛　覇王別姫」が取りあげる文化大革命（一九六六〜七六年）の再評価は、中国共産党による歴史決議（一九八一年）まで十数年の年月が必要であったし、暴動とされていた韓国・光州事件（「光州5・18」）は、一九九三年、金泳三が大統領となって、「光州民主化運動」へと呼称を変えた。

自らの歴史に対する自省的再評価もなされてきた。

「黄色い星の子供たち」に描かれた、ヴィシー政権下のパリ一斉検挙（一九四二年）は、事件から五三年を経た一九九五年、シラク大統領が、フランス国家の責任でもあったと謝罪した。「愛と哀しみのボレロ」にも、この事実に触れる場面がある。

ドイツで白バラ運動（「白バラの祈り　ゾフィー・ショル、最期の日々」）が語り継がれる事実は、ナチ政権下では誰も為す術がなかったという弁明を拒むものとなっている。

また、「ホテル・ルワンダ」が撤退する国連軍を描くのも、虐殺のさ中に撤退した事実を自省する欧米諸国の姿勢のあらわれといって良いだろう。

日本映画をとりあげた理由も、同様である。

「戦争と人間」では、細菌戦を研究し実験した七三一部隊の存在を、何度も登場させている。原作としても、映画としても、日本では最も早い時期に、七三一部隊の所業を取り上げていたことになる。

「ひめゆりの塔」には、これまでの同名映画が扱わなかった主題、強制的徴用に学校と教師が果たした役割、住民虐殺などの事実が、あからさまに描かれている。

「夕凪の街　桜の国」は、広島原爆に被爆した一三年後の、被爆者がなお貧しい悲惨な生活と環境にある姿を、静かに問いかけてくる。

いずれも、美化された戦争と戦後の物語を拒み、歴史的事実の復権を願う作品である。見る者の記憶を補い、見る者に埋もれた歴史の痕跡を伝え、時代の記憶をとりもどすよう要求する映画である。

事実そのものが正確に再現されていない箇所もあるだろう。しかしそれでも、このような映画、作品を、私たちの時代の財産とすることが、大切のように思うのである。

一　戦争と人間

一九三五年　柘植大尉は、四平街で毒ガス実験をまのあたりにした。

製作国：日本
公開年及び時間：（第一部）一九七〇年　一九七分
（第二部）一九七一年　一七九分
（完結編）一九七三年　一八七分
監　督：山本薩夫
出　演：滝沢修、芦田伸介、浅丘ルリ子、高橋英樹、三國連太郎ほか
DVD：日活　二〇〇五年

五味川純平『戦争と人間』（全一八巻）の映画化、三部作合計で九時間二三分の大作である。原作は、張作霖事件（一九二八年）から日本の敗戦までを扱っているが、映画の方は、一九三九年のノモンハン事件（第一一巻）で終わる①。

昭和初期の新興財閥、五代家。主人公は五代産業の次男、五代俊介である。台頭する軍部、中国侵略の時代潮流に翻弄される自由主義者、俊介を北大路欣也が演じている。映画は、俊介と、俊介の友人である標（しめぎ）耕平を中心に展開する。その標耕平を山本圭が演じる。

舞台は満洲である。第一部、奉天の大富豪、趙家の客間、開業医の不破（田村高廣）、奉天医大講師の服部（加藤剛）、服部の助手を勤める趙延年、延年の妹、瑞芳（栗原小巻）の四人が、麻雀に興じている。張作霖事件の第一報が届く。謀殺の首謀者について意見を述べ合う場面である。怒りを露わにする趙延年。

「北伐の目的を達した南京政府と、もう一つは、張作霖を子分にして満洲を料理するつもりだったのが、逆に張作霖から権益の圧迫を受けた日本です。張作霖を殺したいとしたら、この二つのうち、どっちの確率が高いですか」

服部は言い返す。「南京政府側かもしれんじゃないか」「日本人はそんなことはしない」

「やるなら堂々とやる」

服部は瑞芳に惹かれている。その夜、「瑞芳君がお望みなら、日本人になりもするが、みずから、国籍に固執はしない」と言ったばかりだった。息をのむ間の沈黙。服部自身が、自分の言葉に蒼ざめている。延年がゆっくり口をあける。

「堂々とね、そうでした、あなた、日本人でしたね」②

服部の苦しげな表情、瑞芳の傷ついた眼差し。瑞芳を演じる栗原小巻の表情が、印象的である。

原作では、抗日運動に身を投じた瑞芳が日本軍に捕まり、細菌戦の実験台、「丸太」とされてしまう。最終巻（第一八巻）である。一九四四年、その七三一部隊に配属された服部が、腸チフスで力なく横たわる瑞芳と再会する。瑞芳は、服部の前で、ヘロイン一グラムを与えられ、死を迎えようとしていた③。

七三一部隊の存在は、一九八〇年代に入って、『消えた細菌戦部隊』(常石敬一)、『悪魔の飽食』(森村誠一)などで広く知られるようになった④。部隊関係者が免責工作を行い、GHQの戦犯訴追を逃れた事実が明らかにされたのも、この時期のことだ。

しかし『戦争と人間』は、すでに一九六五年刊行の第一巻に、服部をペスト菌の研究者として登場させ、第五巻(一九六六年)では、石井軍医が軍中央に献策し、背陰河で細菌戦の実験に取り組んでいる噂を、不破が耳にする。『悪魔の飽食』の一四年も前である⑤。五味川純平と、注釈を担当した澤地久枝の強い意志を感じさせる。

映画第二部、満洲に赴任した柘植(高橋英樹)が、一九三五年四月、新京の南方一五五キロ、四平街で毒ガス実験施設を巡察する場面も挿入されている⑥。柘植は上官から、実験台となっている「丸太」は「反満抗日連合軍という共産匪の捕虜」なのだと説明を受ける。

「背陰河の細菌試験場はどうなった」

「できれば六〇〇平方メートルの大試験場になるはずだ」

中国人が、毒ガス、青酸注射、電圧実験を受けて、目の前に崩折れていく。目をそらした柘植が、意を決したように尋ねる。

「背陰河の細菌実験や、この実験など、石井軍医正のやられていることは、すべて作戦の一貫として実施しているのでありますか」

言下に遮られてしまう。

「中央においても軍においても既に決まっていることだ」

柘植は口をつぐむしかない。

五味川純平は、戦争下における自由主義者の苦悩を描く作家である。小説『戦争と人間』にあってそれは、五代俊介に託され、〃自分はなぜ罪のない人を殺すことができるのか〟という問いとなって現れる。

映画にはない場面であるが、俊介は、人殺しとして嫌悪するテロリストの鳴田に向かって、七三一部隊の仕業を批判する。そしてその鳴田に、こう言い返されてしまう。

「ノモンハンで人間を沢山ぶった斬ったでしょうが、それとどれだけ違うんです」

「戦闘員同士の殺傷だ、一般住民じゃない」

「ごもっとも、しかし、俊介さん、あんた好んで戦闘員になりましたかね？あんたに殺された向こうの兵隊は、殺傷を職業としていましたかね」⑦
映画では、盧溝橋事件の直前、大学生の抗日デモを前に、俊介が、自由主義者の高畠に問いかけている。映画第二部、最後の場面である。

「高畠さん、あなたならどうしますか、彼ら支那の民衆に銃を向けますか。戦場で彼らに向かい合ったとき、僕はどうすればいいんだ」

高畠は答えない。答えないまま、まっすぐに通り過ぎる学生たちを見据えている。高畠を演じる高橋幸治が、良い表情をみせている。

---

①映画第一部は原作第四巻まで、第二部は第一〇巻までに相当する。第一巻が三一新書から刊行されたのは一九六五年。映画の公開をはさみながら、一九七五年に第一六巻、最終第一八巻は一九八二年に刊行された。詳細な歴史的資料の引用とその解説を澤地久枝が担当している。

②五味川純平『戦争と人間』三一書房、第一巻（一九六五年）二三頁。

③第一八巻（一九八二年）三一頁。

④常石敬一『消えた細菌戦部隊』海鳴社（一九八一年）。森村誠一『悪魔の飽食』（一九八一年）、『続悪魔の飽食』（一九八二年）は光文社刊。正続編の新版（一九八三年）と第三部（一九八五年）が角川文庫で再刊。

⑤第一巻一七四頁、第五巻二二頁。『戦争人間』が依拠した七三一部隊関係資料は『細菌

戦用兵器ノ準備及ビ使用ノ廉デ起訴サレタ元日本軍軍人ノ事件ニ関スル公判書類』（一九五〇年)。
⑥第六巻（一九六六年）七七頁。
⑦第一三巻（一九七一年）三六頁。

二　カティンの森

一九四〇年　アンジェイ大尉は、カティンの森で虐殺された。

製作国：ポーランド
公開年：二〇〇七年
時　間：一二三分
監　督：アンジェイ・ワイダ
出　演：マヤ・オスタシェフスカ、アルトゥル・ジミイェフスキ、マヤ・コモロフスカ、ヴワディスワフ・コヴァルスキ、アンジェイ・ヒラほか
DVD：アルバトロス　二〇一〇年

ポーランド東部、ブク川にかかる橋の上、ドイツ軍の侵攻を逃れてきた群衆があふれている。反対方向からおしよせるソ連軍の侵攻を知って、どこにも逃げ場がなくなったことを悟り、立ちすくんでいるのだ。

ドイツのポーランド侵攻は一九三九年九月一日。この日、九月一七日になって、ソ連軍の侵攻がはじまった。第二次世界大戦勃発の瞬間をとらえた場面である。

群衆の中、アンナ（マヤ・オスタシェフスカ）は、行き交う人に声をかけて、夫、アンジェイ大尉の安否を尋ねまわっている。ソ連軍の捕虜となって、連行されたのだという。彼女はやっとのことで夫を探しあてた。しかしその夫は、彼女の目の前で、ソ連領内の収容所へと護送されていく。

一二月二四日、アンジェイは、ベラルーシを越え、ロシア領内へと入ったところ、コルジェルスク収容所に捕らわれの身となっていた。ともに捕虜となった大将が、氷点下のクリスマスを祈る。

「一年後、笑って今日を思い出す」

「学者、教師、技師、弁護士、画家。君たちなしで自由な祖国はありえない」

こういって、希望を託し、祈りをささげた。

だが、この約四四〇〇人の将校の消息が、一九四〇年四月、忽然と途絶える。彼らは、スモレンスクの北西、グニェズドヴォに護送された後、そのほとんどが、森の中で銃殺されていた。「カティンの森」事件である。

アンジェイもまた、この時に銃殺された。アンジェイの手帳に、最後の様子が記されていた。

「ショベルカーが土を掘り起こしている」

「ベルトをとられる。我々はどうなる？」

一九四〇年四月九日の欄にこう書かれて、記録は終わる。クリスマスを祈った大将、そしてアンジェイも、ここに埋められた。

虐殺は他でも起きていた。犠牲となった将校は約一万四〇〇〇人、ポーランド軍全将校の半数にも及ぶ。予備役の将校も多い。専門家や知識人層も含まれていた。

一九四三年、ドイツ軍占領下となったカティンで、大量の死体が発掘される。大将夫人のルジャが、ドイツ総督府に出頭を命じられた。ルジャは、夫の遺品を渡された後、「ソ連が犯した前代未聞の犯罪である」と説明を受ける。

「アウシュヴィッツから娘に手紙を出したいか」

脅されるルジャ。ナチスから、ソ連を非難する声明を出すようにと、書類にサインを求められる。その書類を、ルジャがゆっくりと差し戻す。

ここのところ、ルジャを演じるダヌタ・ステンカのこわばった表情は、見る者を圧倒する。同行した娘が、こらえきれずに声をあげる。

「お母さん！」

「私を一人にしないで」

娘エヴァ（アグニェシュカ・カヴョルスカ）の悲痛な叫びが重なる。この時代に生きる人々の悲壮感を、見事に表現している。

第二次大戦が終結した。ルジャは、ナチスが消滅し、ソ連が覇権を握る東欧、戦後のクラクフに生きていた。そのルジャが、カティンの記録映像を、いま一度、ふたたび、見せられることになる。この時、ルジャが見せられたその映像は、こんどはソ連でなく、ナチスによる悪行、虐殺であったのだと、説明していた。

戦後、冷戦体制が崩壊するまでの間、クラクフ、ポーランドは、ソ連の強い影響下にあった。ソ連の歴史解釈を絶対とする時代が続くことになる。

だが、ルジャは納得しない。映写機を積むトラック運転手に歩み寄る。ガラス窓をたたく。

「これは嘘です」

カティンの森事件がドイツの犯罪と証言し、証言をしたことで今を生きることのできた帰還生存者、イェジに向かって、ルジャは、こう言い放つ。

「あなたの義務は真実を証言すること」

「思うだけでは何の意味もない」

映画タイトルの後、「両親に捧げる」の文字が掲げられる。

監督のアンジェイ・ワイダ自身が、父親をカティンで虐殺された。彼は、「生涯の終わりに至るまで、夫の、すなわち、わが父親の生還を信じ続けた」母親に育てられた。その思いは、原作には存在しない女性、ルジャの姿と言葉に、込められているのだろう。

カティンの森事件は、戦後のポーランドで長くタブー視されてきた。封印が解かれたのは、東西冷戦体制の崩壊した後である。一九九〇年、ソ連のゴルバチョフ大統領が、カティンの森事件を公式に謝罪し、一九九二年になって、スターリン（書記長）、モロトフ（外務人民委員・外相）の賛成署名の残る決定的証拠、一九四〇年三月五日付文書①が、エリツィン大統領からポーランドのワレサ大統領に送られた。

監督のアンジェイ・ワイダは、「コルチャック先生」（一九九〇年）、「聖週間」（一九九五年）を通して、ワルシャワ・ゲットー、ユダヤ人に対する虐待と虐殺、その歴史に立ち会うポーランドの人々を、描いてきた。「カティンの森」もまた、事実を隠し続けた旧ソ連とともに、これを受け入れてきた自国ポーランドの戦後史を問い直す作品ということができる。

---

①一九四〇年三月五日付文書の original documents は、http://en.wikipedia.org/wiki/Katyn_massacre 等で確認することができる。また、映画では、アンジェイの父、ヤン教授を通して「ヤギェウォ大学事件」が挿入されている。一九三九年一一月六日。ヤギェウォ大学の教授全員が、ナチスによって、ザクセンハウゼン強制収容所に拘引された事件である。

DVD VIDEO
KATYŃ
2008年アカデミー賞
外国語映画賞
ノミネート作品
アンジェイ・ワイダ監督作品
カティンの森

DVD『カティンの森』
発売/販売：アルバトロス
販売価格：4,800 円（税抜）

※発売情報は本書発行時点のものである。

三　黄色い星の子供たち

一九四二年　ジョー・ヴァイスマンは、パリ一斉検挙で捕らえられた。

製作国：フランス
公開年：二〇一〇年
時　間：一二六分
監　督：ローズ・ボッシュ
出　演：メラニー・ロラン、ジャン・レノ、ユーゴ・ルヴェルデ、ガド・エルマレ、ラファアエル・アゴゲほか
DVD：アルバトロス　二〇一一年

一一歳のジョー・ヴァイスマン（ユーゴ・ルヴェルデ）が、服に黄色い星の印を縫いつけて、学校に向かっている。

「やだ、あの子たち、ユダヤ人の印」

あからさまな蔑みが向けられる。

フランスは、ナチスとの融和を掲げたヴィシー政権の下にあった。実権を握っていたのは、主席フィリップ・ペタンと首相ピエール・ラヴァルである。

一九四二年六月六日、六歳以上のユダヤ人はすべて、黄色の星の印を付けるよう命じられた。そして七月一六日午前四時、フランス警察、長官ルネ・ブスケの主導の下に、ユダヤ人の一斉検挙がはじまる。

幼児を抱いた女性が、悲観して屋上から身を投げる。「ユダヤのダニ」と罵声がかかる。

この時、パリに在住する多くのユダヤ人とともに、黄色い星を付けたジョーも、冬季自転車競技場（ヴェル・ディブ）に送られた。

看護学校を卒業したばかりのアネット・モノ（メラニー・ロラン）が、そのヴェル・ディブへと向かっている。ビラケム駅の前にそびえ立つ、ヴェル・ディブの巨大ドームに足を踏み入れたアネットが目にしたのは、スタンドの三階までを埋め尽くす、ぐったりと疲れ果てた八〇〇〇人のユダヤ人だった。半数は子どもたちである。

炎天下のドームの中、むせかえるような熱気と悪臭。水と薬を求める人々。数人の医師と看護師が、体調を崩した収容者の対応に追われている。下水管は詰まり、スカートをおろしてバケツに用を足す女性の姿がみえる。このような、人としての尊厳を冒涜するようなことが、人が人になす業として許されるのだろうか。見ていられない。

ユダヤ人たちは、いったんロワレ県のボーヌ・ラ・ロランド収容所に集められ、そして八月、アウシュヴィッツへと移送された。大人たちは、自身と家族の死が迫っていることを知る。

家族が離れ離れにされてしまうとき、ジョーの父、シュメル・ヴァイスマン（ガド・エルマレ）が、妻と子に、悲しげに手をあげている。これに応えて、ジョーも、静かに手をあげる。母親のスラが叫ぶ。

「ここから逃げて、約束して、生きるのよ」

スラを演じるラファエル・アゴゲの必死の形相が、見る者の心を揺さぶる。

アウシュヴィッツに移送される日がやってきた。

出発しようとする列車の横で、護送される子どもたちが、名を問われている。フランス兵が「名前は」と問う。たどたどしく名を伝える。アルベール・ボエル、サロモン・トルマン、イラン・コトシュ、ノエ・ジグラー、その多くが、戻らなかった。戻らなかった一人一人を刻印するように、名前が申告されていく。

自分の名前さえも言えない、年端もいかない子どもがいる。確認していた兵士が、言葉をなくしてしまう。印象に残る場面である。

競技場の跡、グルネル通りの一角に、いまもヴェル・ディブの碑銘が残る。

「一九四二年の七月に犯した、この汚点は決して消えることはない。七月一六日と一七日。パリ及びその郊外のユダヤ人、一万三一五二人が逮捕されて、アウシュヴィッツに移送、殺害された。このうち、四一一五人の子ども、二九一六人の女性、一一二九人の男性が、この自転車競技場において、占領者ナチの命令を受けたヴィシー政権下の警察によって、非人間的な状態で収容されていた」

生きて戻ることができたのは、わずか二五人。〝ヴェル・ディブ事件〟である。

母親から「ここから逃げて」と言われた少年ジョー、ジョゼフ・ヴァイスマンは、鉄条網をくぐり抜けて脱走に成功した。そして年老いた後のヴァイスマンを、この作品の監督、ローズ・ボッシュが探しあてた。ヴァイスマンの記憶を聴き取ることで、この作品が生まれた。映画の中、ヴェル・ディブのドームにはじめて入ったアネットに、「新しい住所は？」と尋ねる男性、彼が、実在のヴァイスマンその人である。

ローズ・ボッシュは、数少ない生存者を探し出し、ドームの内側、事件と人の結末を再現してみせた。アネットも、ヴァイスマンも、記憶を語った人々の一人である。

「ナチスドイツのおぞましい犯罪が、フランス人、フランス国家の手助けで実行されたのは事実だ。フランス国民は集団で間違いを犯した。この汚点は決して消えることはない」

事件から五三年、一九九五年七月一六日、シラク大統領は、ナチスの所業と語られてきたこの事件を、政府としてはじめて、フランス国家の責任でもあったのだと述べ、謝罪した①。

映画の冒頭「ここに描かれた悲劇は一九四二年の夏現実に起きた」②と文字がうかぶ。ヴィシー政権の歴史もまた、自らの歴史として自省し語り継ごうとする、この謝罪の意味は、いかほどであろう。本作品もまた、歴史の見なおしを語る語りの一つといってよいだろう。

① 一九九五年七月一七日付朝日新聞。

② 事件を題材とした作品として、タチアナ・ド・ロネ『サラの鍵』(新潮社)がある。映画公開は二〇一〇年(日本公開は二〇一一年)。

ジャン・レノ
［レオン］
メラニー・ロラン
［オーケストラ！］
ガド・エルマレ
ラファエル・アゴゲ
1942年に行われた、史上最大のユダヤ人一斉検挙〈ヴェル・ディヴ事件〉。
列車に乗せられた4,051人の子供たちは、1人も戻らなかった——。
50年もの間歴史に封印された真実が、遂に明らかとなる。
ローズ・ボッシュ監督作品／文部科学省特別選定作品
黄色い星の子供たち
and シルヴィー・テスチュー

——

ＤＶＤ『黄色い星の子供たち』

発売/販売：アルバトロス

販売価格：3,800円（税抜）

※発売情報は本書発行時点のものである。

四　愛と哀しみのボレロ

一九四二年　シモンとアンヌ夫妻は、強制収容所へ向かう護送列車からおさな子を線路上におろした。

製作国：フランス
公開年：一九八一年
時　間：一八四分
監　督：クロード・ルルーシュ
出　演：ロベール・オッセン、ニコール・ガルシア、ジェラルディン・チャップリン、ジョルジュ・ドン
DVD：紀伊國屋書店　二〇一三年

「多くの人の思い出を映像化したものです」

この一文の後、画面がいったん闇に覆われ、ジョルジュ・ドン（一九四七〜九二年）のボレロを踊る姿が、あらわれる。

監督のクロード・ルルーシュが述べるように、この作品のテーマは、「記憶」である①。一九八〇年、映画を見た観客は、過ぎた半世紀の年月、記憶を呼び起こす。それは、欧米が記憶する第二次世界大戦と、欧米の戦後をめぐる「記憶」である。

世界的指揮者、フンベルト・フォン・カラヤン（一九〇八〜八九年）を思わせる、カール（ダニエル・オルブリフスキ）と妻マグダの物語。

アメリカンジャズの象徴、グレン・ミラー（一九〇四〜四四年）を思わせる、グレン（ジェームズ・カーン）と妻スーザン、娘サラ（ジェラルディン・チャップリン）の物語。

歴史的ダンサー、ルドルフ・ヌレエフ（一九三八〜九三年）を思わせる、セルゲイ（ジョルジュ・ドン）と妻タチアナ（リタ・ポールブールド）の物語。

そして誰もが記憶するシャンソン歌手、エディット・ピアフ（一九一五〜六三年）を思わせる、エヴリーヌと娘エディット（エヴリーヌ・ブイックス）の物語。

これらの人々の後背に幾度も挿入される、ユダヤ人夫妻、シモンとアンヌ（ニコール・ガルシア）の物語。

一九三九年、ニューヨーク。ハドソン川をゆく豪華客船カロライン号で、ダンスパーティが開かれている。グレンがジャズを演奏するそのさ中、英国とフランスがドイツに宣戦を布告（九月三日）した、第二次世界大戦勃発の臨時ニュースが流れる。欧米で広く記憶されるシーンの一つであろう。

一九三六年、モスクワ。ボリショイ劇場で、新しいプリマドンナが選ばれようとしていた。演目はラベルのボレロ。二人の少女の踊りに見入ってしまう。選考に敗れたタチアナが、審査員の一人、ボリスに声をかけられる。二人は結婚、つかの間の幸せを得る。しかし独ソ戦がはじまり、ボリスは、地獄のようなスターリングラード攻防戦（一九四二〜四三年）の中にあって、戦死する。ボリスの死を知る直前の場面、タチアナが前線の兵士を前に踊っている。フランシス・レイによるBoris et Tatiana（ボリスとタチアナ）である。戦場のボリスに思いを寄せて踊るタチアナの動きを止めて、バラライカの音がゆっくりと流れてくる。印象に残る場面である。

その、ボリスとタチアナの子、イトビッチは、ボリショイバレイのダンサーとなって、戦後を生きることになる。映画の最後、このイトビッチを演じるジョルジュ・ドンがボレロを踊る。パリ、トロカデロ広場で撮影された、この場面も、作品を象徴するものとなっている②。

一九三八年、ベルリン。カールが、ヒトラーの前でベートーヴェンの月光を弾いている。戦後指揮者として成功した彼は、妻と共に、ニューヨーク・メトロポリタン歌劇場で、アメリカでの初演に臨む。チケットは完売、なのに観客席には評論家二人の姿しか見えない。ユダヤ人によるチケットの買い占めがあったのである。カールが指揮をとり、ブラームスの交響曲第一番第一楽章がはじまる。ここのところ、ダニエル・オルブリフスキの演技は、諦観と鬼気の入り交じった、他を圧する場面となっている。演奏が終わり、紙切れが降り落ちてきて、これを評論家が拾いあげる。カールがヒトラーと握手をしている写真である。

この作品に描かれているのは、「記憶」である。

ドイツ占領下のパリ。小学校の教室にナチスの兵士が入ってくる。一人の少年に割礼のあとをみつけて、歩みを止める。ユダヤ人ではないかと尋ねている。担任の女性教師は、キリスト教の主の祈りを暗唱させ、そうして少年は、いったんは救われた。

その少年が、パリで、ユダヤ人が一斉に連行された夜、隠れていた段ボール箱から、突然に顔を出す場面がある。画面手前、左手に積み上げられた段ボールが開く。「パパ！ママ！一緒に行く」と少年の声が聞こえる。息子を悲しそうに見る正面奥の両親、両親の左右で、ヴィシー政権の警察官が、困ったように、こちらを見ている。正視することのつらい場面である。

ユダヤ人のピアニスト、シモン（ロベール・オッセン）と、妻のアンヌ（ニコール・ガルシア）も、この時、パリの一斉検挙で、収容所に送られる。

むせかえるように詰め込まれた護送列車の中、二人には、収容所から生きて帰れないという、死の予感がある。生まれたばかりのおさな子だけは救いたいと思う。夜中、パリ郊外の駅、イニー・アブリクールに停車していた時、シモンは、産着のままのおさな子を助けるために、最後尾の床のハッチから、ゆっくりと、わが子をレールの間におろす。

シモンはマウトハウゼン収容所で殺される。戦後、一人生き残ったアンヌは、息子への思いを断ち切ることができず、くりかえしこの駅を訪れるようになる。その場面が、映画後半の随所に、繰り返し挿入される。

「彼女の人生は一九四二年のあの夜、この場所でストップしたのである」というナレーションが入る。静かな語りによって、人の一生に刻印される事実の重みが伝わってくる。

レールにおろした時を、アンヌが、「一九四二年の八月」と話している。二人が、「黄色い星の子供たち」と重なる時間を生きていたことがわかる。

事実とイメージが交錯する。事実そのものではない。映画には創作と誇張がある。エヴリーヌとエディット・ピアフの歴史は別のものだ。グレン・ミラーは戦後を生きなかったし、カラヤンが、誰もいないホールで演奏したという記録は、これまでのところ、確認することはできない。

それでも、カールに身を許した女、エヴリーヌが、パリ解放後、多くの市民に糾弾され、髪の毛を剃られて、「ドイツ兵と寝て、アメリカ兵と踊る女」と書かれた札を首にかけられ、引き回される場面は、ロバート・キャパ（一九一三～五四年）が、フランス・シャルトルで撮ったとされる歴史的な一枚の写真そのもの、歴史の記憶である。

この作品には四時間をこえる完全版がある（二六三分）。日本ではVHS版（CIC・ビクター）を探すしかないが、この完全版をみると、劇場公開版の所々で感じた違和感、脈絡のない不自然な会話の疑問が氷解する。ナチス協力者や迎合した者に対して責任を問う場面が、ことごとく省かれているのである。

音楽の多くは、フランシス・レイとミシェル・ルグランによる。赤十字のスポークスマンとして登場するフランシス・レイの姿さえ、いまや歴史的な映像となっている。

---

①ＤＶＤ版付録の解説に掲載されたインタビューでの発言。

②国際赤十字とユニセフが主催する、アフリカの飢餓を救うためのチャリティ芸術祭とされている。

DVD『愛と哀しみのボレロ』(通常版)
発売：有限会社 マーメイドフィルム／販売：株式会社 紀伊國屋書店
販売価格　DVD［KKDS-723］: 4,800円（税抜）、
Blu-ray［KKBS-65］: 5,800円（税抜）

※発売情報は本書発行時点のものである。

五　白バラの祈り　ゾフィー・ショル、最期の日々

一九四三年　ゾフィー・ショルは、ミュンヘン大学の構内でゲシュタポに逮捕された。

製作国：ドイツ
公開年：二〇〇五年
時　間：一二一分
監　督：マルク・ローテムント
出　演：ユリア・イェンチ、アレクサンダー・ヘルト、ファビアン・ヒンリヒス、ヨハンナ・ガストドロフ、アンドレ・ヘンニック
DVD：TCエンタテインメント　二〇〇六年

医学生のハンス・ショルとアレクサンダー・シュモレルが、「白バラ」というタイトルの、ナチスの所業を批判する通信を印刷したのは、一九四二年六月のことである。ドイツのポーランド侵攻（一九三九年九月）から三年、ユダヤ人や障がい者、少数民族に対する迫害と虐殺は、暗黙裏に、しかし多くの人の知るところとなっていた。

「三〇万以上のユダヤ人が、残虐非道な方法で殺害された。われわれは、人間の尊厳に対する恐るべき犯罪、全人類史上、比類なき犯罪をまのあたりにしている」

「白バラ」は、一九四三年に入って新たに数千枚が印刷された。その一部がミュンヘン大学に持ち込まれ、二月一八日、午前一一時、大学構内、吹き抜けホールの三階から撒かれた。スターリングラード攻防戦におけるドイツ軍の敗北（二月二日）から二週間、ベルリンではこの日、総力戦を訴えるゲッベルスの演説（シュポルトパラスト演説）が行われていた。そのような時である。

「三三万人のドイツ兵が、無意味かつ無責任に、死と破滅へと追い立てられていった」

ビラを撒いたのは、医学生のハンス・ショルと、生物学を学ぶハンスの妹ゾフィー・ショルであった。その二人が、大学の用務員に拘束されてしまう。校舎の外へと逃れようとするハンス（ファビアン・ヒンリヒス）とゾフィー（ユリア・イェンチ）。その背後から、用務員シュミートが怒鳴りながら迫ってくる。ゾフィーが恐怖で顔をこわばらせる。見る者は、この場面からさき、鼓動の高まりを抑えきれない。

学長は、二人をゲシュタポ（国家秘密警察）に通告した。連行されたゾフィーは、検察事務官、ローベルト・モーア（アレクサンダー・ヘルト）の追及を受ける。尋問は一昼夜に及ぶ。家宅捜索の証拠、ハンスの供述と署名をつきつけられて、二月一九日の早朝四時頃、ゾフィーがついに力尽きた。自供してしまう。

供述書への署名が自らの死に直結するのだと予感しながら、サインをする。独房に戻り、トイレで一人になる。震えが止まらない。処刑まで猶予のないことを知ったゾフィー。声をあげて涙を流す。ここのところ、ゾフィーを演じるユリア・イェンチの悲痛な表情は、ことのほか印象深い。

二月二二日の朝、民族裁判所が開廷した。悪名高い裁判長、ローラント・フライスラーが罵声をあげ、民族浄化を叫び、そして死刑を宣告する。この異常な裁判運営の場面は、決して虚構や誇張ではない。フライスラーによる別の事件の法廷映像をもとに、再現されたものである[1]。

動機を問いただすモーアに、ゾフィーが、人には良心があるのだと、答える場面がある。

「法律は変わっても良心は変わりません」

「ナチが精神障害の子どもたちを毒ガスで処理したと聞いた時、どれほどショックを受けたことか」

映画は、旧東ドイツの崩壊によって新たに確認された尋問調書を用い、尋問や法廷の場面を、緊迫感をもって描き出すことに、成功している。

ハンスとゾフィーは、一九四三年二月二二日一二時四五分、国家社会主義の転覆、敵方幇助、国防軍攪乱の罪状をもって、（医学生クリストフ・プロープストとともに）死刑判決を受けた。その日のうちに処刑されている。

関係者の逮捕は、一九四五年まで続いた。七人が死刑、一三人が懲役刑となった。ナチス政権下の抵抗運動として知られる、「白バラ」運動である②。

ショル兄妹がビラを落としたホールには、いま、「白バラ」のプレートが掲げられている。ゾフィーの名を付した学校が、数多く存在する。学校では、ナチスの犯罪と、抵抗運動の事実が学ばれている。

自国の犯罪、抵抗の事実を、自国の歴史として受け入れ、共有することは、容易でない。このことはむしろ、私たちの課題であるのだろう③。

①DVD特典ディスクに収録されている。ゾフィーの姉エリザベートの証言とともに、貴重な歴史教材である。

②日本では、インゲ・ショルの記録『白バラは散らず』未来社（一九五五年）を通して広く知られてきた。

③引用・抜粋はブレート・ブライナースドルファー編『白バラの祈り　ゾフィー・ショル、最期の日々』未来社（二〇〇六年）。『「白バラ」尋問調書』未来社（二〇〇七年）。

六　ひめゆりの塔

一九四五年　渡久地泰子は、南風原壕で青酸カリを渡された。

製作国：日本
公開年：一九九五年
時　間：一二一分
監　督：神山征二郎
出　演：永島敏行、沢口靖子、後藤久美子、浜村純
DVD：未発売

沖縄は、日本本土で唯一、日米の直接的な軍事衝突、戦場と化した地域である。帝国政府は沖縄戦を「天一号作戦」と名付け、敵を水際まで引きつけて一挙に殲滅するのだと強弁した。日本側本土出身兵六万五九〇八人、沖縄出身軍人・軍属二万八二二八人が戦死する。沖縄住民に限っても、県人口の四分の一、およそ九万四〇〇〇人が亡くなった。

沖縄では、師範学校女子部と県立第一高等女学校の生徒たちが特別志願看護婦部隊を編成し、従軍した。「ひめゆり学徒隊」「ひめゆり部隊」である。

映画「ひめゆりの塔」は、学徒隊の引率者であった仲宗根政善『ひめゆりの塔をめぐる人々の手記』①をもとに制作された作品である。登場する人の名を変えてはあるが、ほぼ実在した人、事実と考えて良い。

女学徒たちが南風原壕の陸軍病院に配属されたのは、一九四五年三月二三日のことである。アメリカ軍の沖縄本土上陸が一週間後、四月一日に迫っていた。

「看護婦さん、耳に蛆が湧いてるよ」②

南風原壕の中は、土ぼこりが舞い、強い湿気が充満する。負傷兵であふれ、むせかえっていた。壕の中で寝泊まりを続ける彼女たちの前に、せい惨な光景が広がる。

米軍の追撃を受けて南風原から真壁へと移動をはじめるのは五月二五日。このとき、重症患者の多くが南風原豪にとり残され、軍から配給された青酸カリで「処置」された。

仲宗根政善（映画では仲宗根政文、永島敏行が演じている）は、このとき三五歳、沖縄師範学校女子部教授として、国語学を専攻していた。数少ない生存者、戦後を生きた一人である。沖縄では一五〇三人の学徒、九二人の教師が犠牲になっている。ひめゆり学徒隊の死者は二二九人を数える。

監督の神山征二郎は、沖縄戦の事実を描きたかったのだと述べる③。では、神山のいう事実とは何か。この作品に即してみると、おそらくそれは、次の四つの事実であろう。

第一は、奨学金の返済を盾に強制的に動員されたという事実である。

当時、首里に迫る砲撃を避け、故郷の島々に帰省（疎開）した者も少なくなかった。そのまま避難していれば、その幾人かは今を生きることができたはずである。しかし師範学校側は、「三月二六日に、陸軍病院に集合せよ」との電報を、帰省先の少女たちに送りつけた。

教官会議の場面、配属将校らしき人が、語気を強める。

「生徒の疎開願いが出ているようですが、この事態は、まことに遺憾といわなければならない。皇国の御盾となるべく学徒が命を惜しんで疎開するなどとはもってのほかである。皇国臣民の責務を放棄するならば月々二五円の奨学金を全額返還させるべきだ。皇国臣民の責務を放棄する学徒の疎開は認めない」

一人の教師が、意を決したように、「積極的に疎開を奨励すべきだ」と声をあげる。だが、「君は生徒たちを非国民にするつもりか」との配属将校の一言に、誰も言い返せない。

第二は、米軍への投降をめぐる事実である。

人々が摩文仁の断崖から飛び降りる場面は沖縄戦を象徴的するものの一つであるが、

本作品はこれに、仲宗根政善が生徒一三人と米軍に投降する場面を、新たに加えている。

仲宗根の原作は、このときの様子について、手榴弾のピンを抜こうとする福地（映画では石川菊。佐藤友紀が演じる）を、仲宗根が、「福地、抜くんではないぞ！」「しばらくまて」と、強く止めたと記されている④。映画のこの場面、仲宗根を演じる永島敏行が、何度も生徒をふりかえる。ヘルメットをとる。服を脱ぎ、両手をあげ、壕を出る。その一つ一つの所作が、丁寧に描かれている。仲宗根の投降は六月二三日、喜屋武岬の近くとされる。

第三は、渡嘉敷良子の死をめぐる事実である。

五月二五日、南風原から真壁へ移動する際に、重症患者に青酸カリ入りのミルクが配られた。自分で歩くことのできない負傷者に、捕虜とならずに自死するよう、これを強要したのである⑤。

渡嘉敷良子（映画では渡久地泰子、後藤久美子が演じる）も、南風原壕の中でミルクを渡された。ここまでは事実である。一九六八年版「あゝひめゆりの塔」（日活）では、渡嘉敷とおぼしき少女を和泉雅子が演じた。青酸入りミルクを飲み干す和泉の悲壮な表情が、印象に残る作品となっている。

だが、実在した渡嘉敷は、南風原壕で死んだのではない。青酸入りのミルクを口にせず、傷ついた足をひきずり、幾日もさまよい歩いた末、米軍の救護班に救われ、宜野座病院に収容された⑥。

敗戦後、仲宗根が渡久地を宜野座病院に見舞う場面がある。「アメリカにひろわれました」と話す渡久地に、仲宗根が「すまなかった」と詫びる。

原作者、仲宗根政善は、こう記している。

「敵として恨んだ米兵が、かえって教えを説いた先生よりも親切であった。現実の結果としては、これが厳然たる事実である」⑦

『墓碑銘』の記載である。

「師範本科二年（当時一八歳）今帰仁村出身　南風原陸軍病院第一外科勤務」「五月中旬、良子は兵士の死体を埋葬しての帰途、壕入口付近で至近弾を受け脚部に負傷した」「五月二五日の南部撤退の日、学友が何度か連れ出そうとしたが、痛みを訴えてとても連れ出せなかった」「後日一人で壕を脱出したところを米兵に収容されたが、衰弱がひどく九月上旬宜野座病院で死亡した」⑧

仲宗根には、渡嘉敷を置いて南風原を出立したことが、頭を離れなかったのである⑨。

第四は、住民犠牲の事実である。

住民が避難していた壕を日本兵が奪いはじめた。追い出された住民は砲撃の中に身を曝さなければならない。真壁の老人（浜村純）が吐き捨てるように言う。

「日本軍は私たちを守ってくれると思っていたが、間違いだった」

これを聞いた日本兵が、居丈高に声を荒げる。

「きさま、沖縄語を使ったな、使ってはいかぬという軍令を知らぬか、スパイか」

原作には、「現地召集された息子の配属部隊が移動したのを知った父親が、行き先を問い合わせたところ、スパイ容疑で殺された」[10]話など、同様の回想が記されている。真栄平では、日本軍による防空壕やガマの強奪を目的とした住民虐殺が起きていた[11]。日本軍兵士・軍属による壕追い出し、スパイ容疑をかけての処刑、幼児虐待、食料強奪、自決強要など、いわゆる「日本軍による住民犠牲」[12]は、いまだ正確な数字さえ明らかになっていない。

六月一五日、ひめゆり学徒隊は、第一外科壕と第三外科壕に分かれる。ひめゆりの塔が建つ平和祈念資料館の地階部分が、第三外科壕の跡である。六月一九日、ここにガス弾が打ち込まれ、女学徒を含めた二〇〇人あまりが亡くなる。そして同日、南部海岸近くの洞穴にたどり着いたひめゆり学徒隊に、突然の解散命令が下った。その四日後、六月二三日、第三二軍司令官牛島満中将が自決したことで、沖縄戦が終わる。

従っていた日本兵から壕を追い出され、行き場を失った彼女たち、ひめゆり部隊の多くは、海岸線を逃げのびようとして力尽き、ある者は手榴弾で自爆し、ある者は断崖から身を投げた。そしてごくわずかな教師と生徒が生き延びた。その人たちによって、沖縄戦の事実が、伝えられてゆくことになる。

---

① 仲宗根政善『ひめゆりの塔をめぐる人々の手記』角川文庫（一九八二年）。

② 同六五〜六六頁。

③ 映画パンフレット。ひめゆり学徒隊の映画はこれまで四回制作されている。一九五三年版（東映東京　監督今井正）は、津島恵子、岡田英次、香川京子が出演。「あゝひめゆりの塔」（日活　一九六八年　監督舛田利雄）では吉永小百合が師範女子部本科二年生の与那嶺かずこを演じた。かずこの母（乙羽信子）は小学生を本土に引率する途上乗船した対馬丸で亡くなる。対馬丸の撃沈は敗戦前年の八月二二日のことだから、その母の姿が見える映画冒頭、師範女子部の運動会は一九四四年の初夏ということにな

る。一九八三年版（東宝　監督今井正）は、栗原小巻、古手川祐子、斉藤とも子、田中好子が出演した。

④『ひめゆりの塔をめぐる人々の手記』二八八頁。

⑤戦陣訓（陸軍大臣東条英機一九四一年一月八日）本訓二の八「名を惜しむ」。

⑥『ひめゆりの塔をめぐる人々の手記』一六六頁。

⑦同一六七頁。

⑧ひめゆり平和祈念資料館期成会資料委員編『墓碑銘―亡き師亡き友に捧ぐ―』（一九八九年）三一頁。

⑨同一〇七頁。

⑩同三一二頁、渡久山昌子、宜野座啓子の手記。

⑪沖縄県生活福祉部『（改訂版）平和への証言　沖縄県立平和祈念資料館ガイドブック』（一九九一年）一〇二～一一二頁。

⑫同四五頁。

七　悲情城市

一九四七年　呉寛美は、金爪石の病院で二二八事件を伝えるラジオ放送を聴いていた。

製作国：台湾
公開年：一九八九年
時　間：一五九分
監　督：侯孝賢
出　演：梁朝偉、辛樹芬、呉義芳
DVD：紀伊國屋書店　二〇一四年

後背に海岸線をおいて、切り立つ岩肌を縫うように続く坂道。女学校を出たばかりの呉寛美が、兄（寛榮）の友人である、林文清に荷物をゆだね、歩みを進めていた。そこに、鈴の音を思わせる、澄んだ響きと重く沈んだ音の重なるテーマ曲が、流れてくる①。一九四五年の晩秋、寛美が向かっているのは、台湾の首都、台北から海に向かう基隆、その東に少し離れた鉱山の町、金爪石である。

文清は、その金爪石で、写真館を開いている。八歳の時から言葉が話せない。寛美の兄、教師の呉寛榮が、その写真館の二階に下宿している。寛実が勤めることになる病院も、そこにある。

医師と看護師が、日本語にかわる、北京語の練習に懸命である。日本の植民地支配を脱し、中華民国に復したばかりの、台湾の人々の様子が描かれる②。

台湾は、日本統治が終わり、蒋介石派の統制下にあった。もとから台湾にいた人々は、大陸からやってきた新しい統治者たちを、「外省人」と呼んだ。しだいに外省人の専横ぶりが強まり、人々の反感をかっていた。

一九四七年二月二十八日。医師たちがラジオから流れる行政長官の指令に、聞き耳を立てている。

「二月二十七日夜、台北で闇タバコの摘発の際死者が出た」

群衆が長官公署前で抗議した際、憲兵の掃射で、死傷者がでたのである。抗議活動が台北全域に及び、三月一日には、台湾全土にまで波及する。外省人に対する怒りが、大きく吹き出そうとしていた。外省人に対する報復がはじまった。

文清が、数人の棍棒を持った男たちに囲まれている。台湾語で「どこから来た?」と問われ、たたみかけるように、「あんたはどこのひとか」と、日本語で詰問される。言葉の不自由な文清が、戸惑いと恐怖で立ちすくんでいる。日本語を話せるかどうか誰何することで、日本語を話せない外省人を、識別しようとしていたのである。

三月二日、台北市でいまも利用される会堂、中山堂で、民衆の要望に押され、「二二八事件処理委員会」が開催される。つかの間、事件の対処と民主化が進展するかにみえた。だが、三月八日の夜に蔣介石の派遣した増援部隊が基隆港と高雄港に上陸するや、行政長官の陳儀が、にわかに態度を変える。事件処理委員会は非合法であると宣言し、徹底的な鎮圧、せい惨な虐殺をはじめたのである。「二二八事件」である。

殺戮を逃れた寛榮は、山間部で抵抗活動に入る。文清も刑務所に拘引されてしまった。その文清の前で、捕まった学生たちが、次々に処刑されていく。

映画は、抵抗し、処刑された人々を、あからさまには描かない。言葉の話せない文清の悲しい表情と、文清に思いを寄せる寛美の日記を読み進める形をとって、静かに説明していく。そのことがかえって、台湾の人々の悲しみを際だたせ、印象深いものとしている。

寛榮が軍の掃討作戦で射殺される場面も、そうである。文清と結婚した寛美が、伝え歩きをするようになったおさな子、阿謙のおかゆを持ったままに、兄の死を伝える手紙をひろげて泣いている。その手をつなぐ文清。二人の表情が、なんとももの悲しい。

その文清にも逮捕の手が迫る。四方を海に囲まれた台湾に逃れるところはない。海岸沿いの駅で、ボストンバッグが二つ置かれ、毛糸の重ね着をした阿謙が乗せられたまま、文清と寛美が力なく立っている。

ここも、文清の姪、阿雪が、寛美からの手紙を読む形で説明されていく。

「文清が逮捕されました。どこへ連れ去られたか分かりません。逃げようとは思ったけど、逃げる所などありません。夫は写真を撮っていて、最後まで仕事をやり、静かに連行されました。消息は不明のままです」

逮捕の三日前、文清が、家族と最後の記念撮影をしている。セルフタイマーが音をたてる。向かって左に寛美が阿謙を抱いて座り、その横に文清が腰掛けて、正面をみている。シャッター音がしばらく続いて途絶え、残響が消える。文清を演じるトニー・レオン、寛美を演じる辛樹芬の表情が、スクリーンに向かう観客を見つめ続ける。無邪気な阿謙の表情とともに、見る者の心に残る場面である。

犠牲者は二万八〇〇〇人に及ぶとされる。台湾の人々に深く傷を残したまま、しかし事件は、一九四九年五月に施行された戒厳令によって、公に語られることのない歴史となった。戒厳令は、一九八七年七月一五日まで三八年の長きに及ぶ。「悲情城市」の公開は、その戒厳令が解除された二年後、一九八九年である

一九九五年二月二八日、国民党でありながら台湾出身の総統、李登輝が、二二八慰霊碑の除幕式に臨み、政府が犯した罪であることを認め、はじめて公に謝罪をした。

二月二八日は、台湾の「和平記念日」となっている③。

① 音楽は日本のS・E・N・S。HPで視聴することができる。
② 侯孝賢「戯夢人生」（一九九三年）は日本の植民地支配期を扱う。
③ 作品と二二八事件の関係は田村志津枝『悲情城市の人々』晶文社（一九九二年）を参照。

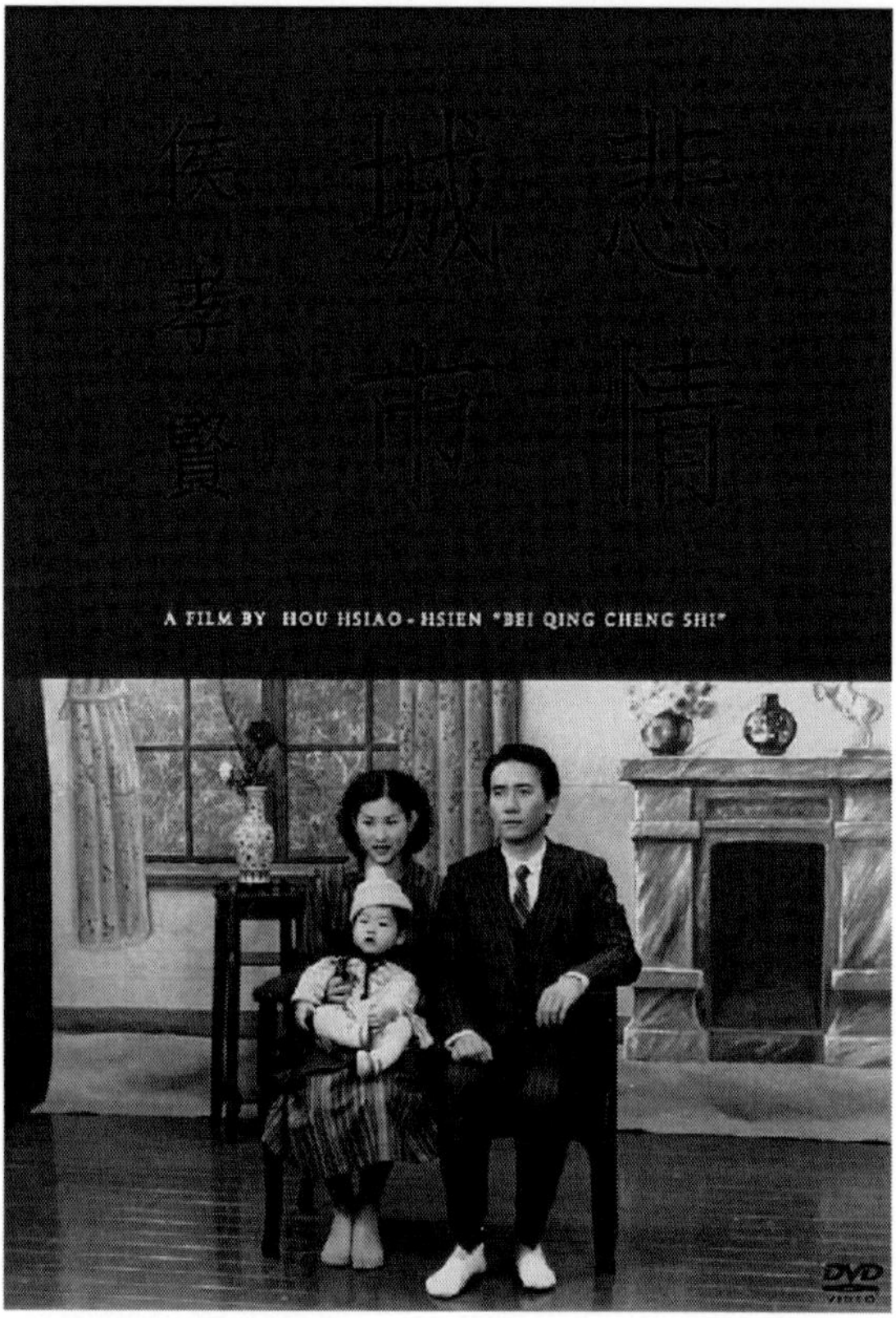
悲情城市
侯孝賢
A FILM BY HOU HSIAO-HSIEN "BEI QING CHENG SHI"
DVD VIDEO

DVD『悲情城市』

発売元　IMAGICA TV

販売元　紀伊國屋書店

販売価格　4,800円（税抜）

※発売情報は本書発行時点のものである。

八　ブラザーフッド

一九五〇年　キム・ヨンシンは、保導連盟への登録を理由に射殺された。

製作国：韓国
公開年：二〇〇四年
時　間：一四八分
監　督：カン・ジェギュ
出　演：チャン・ドンゴン、ウォンビン、イ・ウンジュ、チェ・ミンシク
DVD：ジェネオン　エンタテインメント　二〇〇四年

日本の敗戦とともに植民地支配を脱し、独立を回復した朝鮮半島。しかし、三八度線をはさんでアメリカとソ連が二分するまま、分割占領が続いていた。一九四八年になって、大韓民国（韓国）と朝鮮民主主義人民共和国（北朝鮮）が成立する。一触即発の事態にあった。

一九五〇年六月、イ・ジンテ（チャン・ドンゴン）が、ソウルの中心街、鐘路の道端で、靴の修理を生業としている。そうやって、弟ジンソク（ウォンビン）の学費を、まかなっていた。

言葉の不自由な母親（ヨンナン）は、市場にテントを張り、ジンテの許嫁、気の優しいヨンシン（イ・ウンジュ）と、素麺食堂のきりもりに忙しい。懸命に尽くすヨンシン、そんなヨンシンを嬉しそうに見つめるヨンナンの表情。貧しくも、将来に明るい期待をよせる家族の姿が、あたたかく描かれる。

ジンテが、テントのかたわらで、真新しい麦の袋に目をとめる。

「それ？」

「国民保導連盟に入れば麦がもらえる」

屈託なく答えるヨンシンに、ジンテは、心配そうな表情をみせる。

大統領の李承晩が、北朝鮮同調者であることを申し出るように仕向け、その見返りに韓国への忠誠と反共を誓わせるという、実質的な監視団体、国民保導連盟を組織したのは、一九四九年のことである。申し出た者は処罰しないと約束して、食料配給などを優遇した。

日々の糧に窮する人の中には、ただ家族の食べ物を求めて登録した者が少なくなかった。とはいえそれは、北朝鮮への同調者であることを自ら進んで認めたことになる。ジンテは、そのことを心配したのである。

六月二五日の未明、北朝鮮軍が一斉に三八度線を南下する。朝鮮戦争（韓国戦争、六二五戦争）の勃発である。翌二六日には、ソウル北部に接する都市、議政府を陥落させた。

二七日早朝になって李承晩がソウルを脱出。その際、韓国軍は、北朝鮮軍の追撃をくい止めるため、避難を急ぐ橋上の市民もろとも、漢江にかかる人道橋を撃破してしまう。多くの避難民がここで命を落とした。こうしてソウルは、市民の大半がとり残されたまま、北朝鮮人民軍の支配下に入る。

ジンテとジンソクは、戦乱の中、大邱まで逃げのびたところで、韓国軍（のち米軍と国連軍に編入）への入隊を強いられる。生きて帰るためには、否も応もない。二人は、洛東江から平壌へと、絶望的な地上戦を戦い抜かねばならない。

一二月に入ると、中国人民志願軍に押し返される形で、国連軍がソウルへと退却してきた。ジンテとジンソクも、ひととき、実家へと向かう。しかしそこでジンテが見たのは、反共組織の自警団に連行されて、一列に並ばされ、まさに射殺されようとする許嫁、ヨンシンの姿だった。

李承晩は、開戦と同時に、北朝鮮に同調した過去のある人々、国民保導連盟の登録者を処刑するよう命じた。混乱と狂気の中、各地で、摘発と虐殺が続いていた。保導連盟事件である。

男性が、銃を持って、宣告している。

「キム・ヨンシン、二三歳、六月二三日、国民保導連盟加入、自ら署名もしている」

「共産党の労役三五回、人民大会五回、奉仕活動にも一〇回以上参加」

ヨンシンが声をあげる。

「連盟の配給がなかったら飢え死にしてたわ！」

「国が食べ物をくれた？」

止めようとするジンテに、嘲りの声がかかる。

「人民軍の奴らと寝たのは誰だ？」

「アバズレで有名だぞ」

ジンテが逡巡した一瞬、銃弾がヨンシンの胸をつらぬく。くずれおち、血が吹き出る。

「死ぬわけにはいかないの」

力をなくして目を閉じるヨンシンの姿が痛々しい。

スパイの疑いをかけられた国民保導連盟の犠牲者は一〇万を超えるという。二〇〇三年、大統領となった盧武鉉が、この事件と犠牲者の調査を決定し、過去史清算事業に加えた。こうして、長い間タブーとされてきた事件の真相が明らかになっていく①。二〇〇八年一月、保導連盟事件の犠牲者に向けて、盧武鉉の謝罪が読み上げられた。

理性と正義を装った狂気、猜疑と憎悪、自国軍（民）による自国民虐殺は、朝鮮戦争に限ってのことではない。

「軍による住民の殺害が各地で発生した。日本軍は沖縄住民をスパイ視して拷問や虐殺をした」

沖縄県立平和祈念資料館の展示記述である。こうした死の記憶が、いつのまにか巧妙に糊塗されてゆく。映画「ブラザーフッド」は、こうした記憶の捨象を拒むかのように、幾度にもわたる死の詳細を描いている。

①二〇〇八年九月、筆者が聞き取りに参加した忠清北道梧倉でも同様の事件が起きていた。遺族の方が真相究明を懸命に訴えられていた。

九　おじいさんと草原の小学校

一九五一年　キマニ・マルゲは、ホラ収容所にいた。

製作国：イギリス
公開年：二〇一〇年
時　間：一〇三分
監　督：ジャスティン・チャドウィック
出　演：ナオミ・ハリス、オリヴァー・リトンド、トニー・キゴロギ
DVD：アミューズソフト　二〇一二年

二〇〇三年一〇月、ケニア共和国、高原地方に位置するエルドレト。八四歳のキマニ・マルゲ（オリヴァー・リトンド）が、乾いた土ぼこりの舞う中、足をひきずるようにして、小学校へと向かっている。この年、ケニア政府は、初等教育（八年制）の無償化にふみきった。マルゲは、なんとしても小学校に入学し、文字を学びたかった。

希望者が一斉に詰めかける。受付に追われる女性校長、ジェーン・オビンチェ（ナオミ・ハリス）が顔をあげると、正門の向こうにマルゲがいた。マルゲは、ケニア政府が、すべての国民を、無償で小学校に迎え入れる、そう言ったではないかと、詰め寄っている。

とはいえ、子どもの机さえ足りないのに。とてもではないが、高齢のマルゲを入学させる余裕はない。学校の係員から、「鉛筆は？制服を着ないと入れない！」と追い返されてしまう。それでもマルゲは、追い払われても、追い払われても、小学校への入学を訴えにやってきた。

マルゲはとても貧しい。なのに、鶏を売って古着を買い、繕って半ズボンをこさえ、ハイソックスを履く。

「良い生徒になる」

杖をついて、小学校の門の前に立つ。

校長のジェーンが、ついに決断した。

「マルゲ、ウェルカム」

ここのところ、ジェーンも、マルゲも、とても良い笑顔をみせている。こうして、二〇〇四年一月、実在の人、キマニ・マルゲが、カプケンデュイヨ小学校の一年生に、入学を許された。

算数の時間、男の子が数字を間違えている。その男の子に、マルゲが話しかける。「首が長くて、お腹ぽっこり、帽子をかぶせれば、〝5〟だ。間違えないだろ」

マルゲの腕には、はずれることのない腕輪がみえる。腕輪の表面に、「４６３９」と数字が刻まれている。

「マウマウだったの?」

ジェーンの問いかけに、マルゲがうなずく。

「収容所にいた」

映画のはじまりに、「実話にもとづく物語」との説明がある。

「一九五三年、ケニアで、英国統治に対し、マウマウ団による反乱が起こった。この反乱で何千人もが命を落とし、百万人以上のキユク族が英国による収容所へ」

マルゲも戦いに加わっていた。妻と子どもを失い、八年近くを囚人として過ごした。小学校に通う機会など、なかったのである。

マルゲは、尖った鉛筆を怖がる。これにも理由があった。自身が受けた、鉛筆で鼓膜を突き刺す拷問を思い出すためだ。だからマルゲは、ジェーンの授業が、うまく聞きとれない。足をひきずるのもそうだ。拷問で、「つま先は切断された」からである。

命じたのはイギリス人であるとしても、直接手を下したのは、植民地体制を支えたケニア人である。ケニアがイギリスから独立し、投獄されていたジョモ・ケニヤッタが大統領に就任した後も、彼らは政権の中枢に居続けた。マルゲの入学に苛立つ政府の視学官、キプルトも、その一人である。マルゲはキプルトを、露わに嫌悪する。

「彼はカレンジン族、体制支持派だ」

キプルトもそうだ。マルゲを疎ましく思っている。いや憎んでいる。

「マウマウも殺人を、なのに学校に通っている」

ジェーン校長の絞り出すような言葉が、見る者の胸をうつ。

「私の家族も英国に忠誠を」

「生き残りたい者は皆よ」

「にらまないで」

「誰にも選択肢はなかった」

この映画の救いの一つは、ジェーンを演じるナオミ・ハリスの、力のある言葉であろう。僻地への転勤をもって脅されながら、マルゲの退学を決断するよう迫られた時の言葉が、そうである。夫は、ジェーンの将来を案じて、政府に従うようにと、説得する。しかし、ジェーンの気持ちは変わらない。

「その答えは簡単よ」

「彼を追い払いたくないの」

決然として、それでいてとても暖かい。この台詞のところ、何度見ても、胸が熱くなる。あたりまえの言葉を口にし、行動する人が、同じ時代にいるのだと思うことができる。それだけで、救われる気持になる。

ジェーンは、自宅から遠く離れた奥地に転勤を命じられてしまった。マルゲは、教育省に出向いて、ジェーンの配転に抗議する。

「過去から学ぶべきだ。過去を忘れず、さらに前進しなくては」

「良い教師が要る。彼女を返して」

脚色された言葉であるのだろう。それでも、マルゲの言葉は、本当にそうなのだと思わせてくれる。幸せな気持ちにしてくれる。

ジェーンの復帰がかなった後、マルゲが、大統領府からの通知を、ジェーンに差し出す。この通知を読むために、マルゲは、小学校に通おうと思ったのである。

「名誉ある囚人、４６３９番へ。ケニアを代表してお知らせする。あなたには賠償の権利がある。英国統治下において、虐待を受けたと認められる。ホラ収容所（一九五一～五三年）、ランガタ収容所（一九五三～五五年）、マニャニ収容所（一九五五～五七年）、エンバカシ収容所（一九五七～五九年）」[1]

収容所の名前、年月が、淡々と読み上げられていく。ことのほか印象に残る場面である。

独立した後も、マウマウの評価は、長い間、ためらわれてきた。二〇〇二年、ムワイ・

キバキが大統領となって再評価が進む。独立から四〇年近くがたっていた。

「あなたに感謝するわ、マルゲ」

ジェーンが言葉をかける。マルゲは、二〇〇九年八月一四日、八九歳で亡くなった。七年生、卒業まで、後一年と少しだった。

---

①マルゲはマウマウに加わり、イギリス軍に捕えられて八年間を収容所で過ごした。拷問で左足の指を失い、両耳に障害が残った。(二〇〇四年九月一七日付朝日新聞)

DVD VIDEO
ロンドン映画祭2010 公式出品
ドーハ・トライベッカ映画祭2010 観客賞受賞
トロント国際映画祭2010 観客賞・次点
おじいさんと草原の小学校
The First Grader
まだ、終わりじゃない。
感動的。
そして、この映画は
「学ぶことに遅すぎることはない」
という古い格言を証明した。
コフィー・アナンさん
壮絶な過去を乗り越え、夢をつかんだ"84歳の小学生"。
世界中が心震わせ、歓喜にわいた奇跡の実話。

DVD『おじいさんと草原の小学校』
発売元／販売元:アミューズソフト
販売価格：4,104（税込）

※発売情報は本書発行時点のものである。

一〇　君の涙ドナウに流れ

一九五六年　ブダペストの大学生ヴィキは、つかの間の自由を感じていた。

製作国：ハンガリー
製作年：二〇〇六年
時　間：一二〇分
監　督：クリスティナ・ゴダ
出　演：カタ・ドボー、シャーンドル・チャーニ、イヴァーン・フェニェー、カーロイ・ゲステシ
DVD：ジェネオン　エンタテインメント　二〇〇八年

一九五六年一二月六日、メルボルンオリンピック、水球競技の準決勝。ハンガリー・ソ連戦で、試合中、エルヴィン・ザドルが、ソ連代表選手の手拳を顔に受けて、出血した。試合後にプールからあがったザドル選手の、血のにじむ顔の写真は、「メルボルンの流血戦」と、やや誇大なタイトルで報じられた。

映画後半に挿入された、ザドルを思わせる主人公カルチ（イヴァン・フェニェー）がプールから引き上げられ、フラッシュを浴びる場面が、それである。

映画のはじまりは、一九五六年の一〇月二二日。カルチが大学にいくと、学生集会が開催されていた。一人の女学生、ヴィキ（カタ・ドボー）が、改革を訴える発言を続けている。ハンガリー事件の契機となった、ブダペスト工業大学の学生集会である。

一〇月二三日。ブダペストで、二〇万人を越える大規模なデモがはじまった。映像は、議事堂の壮麗な建物を左後方に見せながら、自由を願う人々の、高揚した表情、様子をとらえている。この夜、議事堂前広場に集まった群衆は、自由主義的政治改革の象徴と目された政治家、イムレ・ナジの復権を求める。その人々の中に、カルチとヴィキの姿がある。映画は、この二人をとおして、一九五六年一〇月のブダペストを再現していく。

議事堂前広場の明かりが消される。誰かが新聞紙を燃やして明かりをともす。この歴史に残る出来事も、広場の全体に、新聞のトーチ（松明）の明かりがあふれた、思い出深い場面として再現されている。

二四日、ナジが民衆の声に迎えられ、首相となる。ナジは、ソ連軍の撤退とワルシャワ条約機構からの脱退を宣言する。ほどなくして、ソ連軍装甲車の移動がはじまった①。ハンガリーの改革が実現するかにみえた瞬間である。数日、街に平穏が訪れる。

「二週間で世界が一変したわ」

ヴィキが、友人のエステル（ヴィクトーリア・サーヴァイ）と、石畳の街路を歩いている。

「結婚して、子どもを産んで、平凡に生きたい」

だがそれは、わずか一〇日ほどの、つかの間の自由であった。一一月四日、メルボルンオリンピックの直前、ブダペストは、ソ連軍による軍事介入を受ける。ハンガリー事件（日本では「ハンガリー動乱」と報じられた）である。

オリンピックに向かったカルチたちハンガリー選手団が、メルボルンに到着した一一月四日早朝、ブダペストは、三〇〇〇台を超す戦車と装甲車、一〇万を超えるソ連兵に制圧されていた。選手が見つめるテレビに、機関銃と火炎瓶を手にして立ち向かい、そしてわけなく押しつぶされていく市民の姿が、映し出される。呆然と立ち尽くし、画面に見入るハンガリーの代表選手たち。

「これが祖国か？」

だれも答えない。

ザドルが、ソ連との準決勝戦で受けた腫れた顔の写真は、こうして、冷戦を象徴する一場面として記憶されることになった。メルボルン大会の後、ハンガリー選手団の半数近くが、亡命した。

エステルが、学生のリーダー、ヤンチ（ツェルト・フサール）を説得している。

「みんなに言ってあげて、生きて逃げのびろって」

彼女は、ヤンチとの平凡な生活を願っていた。だがヤンチが亡命を決意したときには、すでにエステルは、爆撃の中で死んでいた。

ヴィキが詰問する。

「最後まで戦えと、あなたが言ったのよ」

ヴィキの絶望感が、素直に伝わってくる場面である。そしてヴィキも、治安警察（AVO）に拘束されてしまう。協力者の名を書くように求められ、これを拒む。それは死を意味していた。

処刑場にひきたてられるヴィキが、泣きそうな顔で国歌を歌う。こうやって、たやすく人が処刑されていく。慄然とさせられる。少なくない人々が事件の渦中に亡くなり、事件後に処刑された。亡命者の数は二〇万を超える。首相のナジもまた拘引され、二年後に処刑された。
一九八九年、ハンガリーは、冷戦の終結とともにナジの名誉回復を行う。「反革命暴動」とされていた事件の評価も見直されていく。事件から三三年がたっていた②。

---

①事実経過部分は、笹本駿二編『ドキュメント現代史一〇　東欧の動乱』平凡社（一九七三年）、国連特別委員会『ハンガリー問題報告書』新世紀社（一九五七年）ほかを参照した。
②本作品は、二〇〇六年、ハンガリー事件五〇周年を機に公開された。ブダペスト郊外の青年が市街戦に加わっていく過程をえがく「ブダペスト市街戦１９５６」（ハンガリー　二〇〇七年）もすすめたい。

一一　夕凪の街　桜の国

一九五八年　平野皆実は、広島で被爆した一三年後に、原爆症で亡くなった。

製作国：日本
公開年：二〇〇七年
時　間：一一八分
監　督：佐々部清
出　演：麻生久美子、吉沢悠、中越典子、伊崎充則、田中麗奈
DVD：東北新社　二〇一二年

被爆から一三年目に原爆症で亡くなった平野皆実（みなみ・麻生久美子）の物語「夕凪の街」。皆実の死から五〇年が過ぎ、皆実の姪、七波（ななみ・田中玲奈）が、皆実の生をたどって広島に向かう物語「桜の国」。映画は、この二つの物語からなっている。

一九五八年の広島。平野皆実は、被爆の後、なんとか健康をとりもどしていた。母のフジミ（藤村志保）と、原爆ドームにほど近いバラック街の片隅に、貧しくも明るく暮らしている。

その皆実が、原爆ドームから川沿いに、のんびりと土手を歩いてくる。勤め帰り、靴底の減ることを惜しんで、靴を脱いで、手にとり、裸足になって、気持ち良さそうに。

皆実の左腕には、被爆による熱傷の痕、ケロイドが残る。だから皆実は、友人がどんなにすすめても半袖を着ない。母の首筋にも痕が残る。この街の銭湯では、同じようにケロイドの残る女性たちが湯につかっている。この場面で皆実の声が重なる。

「ぜんたいこの街の人は不自然だ。誰もあのことを言わない。いまだにわけがわからないのだ」

「この街」とは、「夕凪の街」のことである。原爆ドームから、すぐ横の相生橋、そして空鞘（そらざや）橋をこえたところ、いまや高層アパートが広がるこの一帯は、敗戦直後から一九七〇年代後半まで、被爆して生き残った人、疎開や引き揚げて帰ってきた人、行き場を失った人が、バラックを建てて住みつき、その数は一〇〇〇戸近くに及んでいた。雨が降れば糞尿のにおいの充満するこの地域は、ほどなく、「原爆スラム」と呼ばれるようになる。

職場を休んで、トタン屋根の雨漏りを修繕する皆実の住むバラックに、同僚の打越豊（吉沢悠）がたずねてきた。皆実は、屋根は雨漏りがして、部屋はナメクジのあとが光っているのだと、思いを寄せる人、打越に笑って話しかける。いまや想像できない人も多いと思うが、皆実のように、否応もなくおかれた境遇、貧しい生活を、素直に恋人に話しかけていた時代があった。このような時代の風景を、思い出させてくれる場面である。

打越から思いを打ち明けられた皆実が、やっと幸せな将来を思うところまできたのだと、母と楽しく笑い合う。

だがそれは、ほんのつかの間の希望であった。夏風邪かと思っていたら、なかなか職場に向かう力が湧いてこない、起きあがれなくなった。そして、眼が見えなくなってしまう。原爆病（急性骨髄生白血病を指して用いられる）を発症したのである。

「のどをまた生ぬるいかたまりが通ってくる。もうただの血ではなく、内蔵の破片だと思う」

「ひどいなあ、てっきりわたしは、死なずにすんだ人かと、思ったのに」

息絶えることを諦観しているような、悲しくて、おだやかな、皆実を演じる麻生久美子の語調が、印象的である。こうして皆実は、二六歳の人生を終えた。

原作は、コミック『夕凪の街　桜の国』（双葉社　二〇〇四年）。作者のこうの史代は、原爆スラムの細部を、大田洋子『夕凪の街と人と』[①]をもとに、描き出した。

被爆し、生存することのできた人々の多くは、長い、もしくは短い人生を、原爆症に苦しみ、不安に苛まれながら、戦後の日本を生きた。火傷がケロイドとなり、人目を避ける毎日が続いた。

大田洋子は、この地に足をはこび、原爆スラムの生活と実態を、怒りを込めて記録した。被爆から八年を経て、なぜ犠牲者である被爆者が貧しいままにおかれているのか、社会に打ち捨てられたように生きねばならず、疎まれねばならないのか、なぜ私たちの社会は、このことに目を向けないでいるのかと、問いかける。

大田が憤るように、たしかに、戦後の日本は、被爆者に対して、優しく目を向けてきたとは、いえなかったのである②。

原作と映画は、大田のように、突き放すように告発をすることはない。こうの史代の思いでもあるのだろう。被爆者の言葉の一つ一つが、抑制のきいた、何か観念したような、優しい言葉に置き換えられている。それでも、この人々が生きた時代に向けるまなざし、原作者の思いが伝わってくる。

「なんで原爆は広島に落ちたんだよ」

見舞いに来た弟のこの問いかけに答える皆実の台詞は、原作にはない。映画では、ここのところ、少し間をおいて、顔をあげた皆実が、ひと言ひと言を区切って、話し出す。

「それは違うよ　原爆は　落ちたんじゃのうて　落とされたんよ」

ゆったりとした語調のせいか、断定的であるのに、横柄に感じさせない。ここは、監督・佐々部清の思いであるのだろう。

映画は「桜の国」へとうつる。

二〇〇七年、夏。平野皆実の五十回忌を迎えようとしていた。いまや定年を迎えた皆実の弟、旭（堺正章）は、東京に住んでいる。理由を告げずに外出する父親を、長女の七波（田中麗奈）が追いかける。その途中で、幼友達の利根東子（中越典子）と一緒になってしまう。旭、七波、そして東子の三人を乗せた長距離バスが向かう先は、皆実が亡くなった夕凪の街、広島。旭にとってそれは、姉の知人をたずねる旅であったのだ。

こうして、映画の後半は、「夕凪の街」の皆実が亡くなる頃の、そしてその後の出来事を、回想の形で重ねていく。

皆実が亡くなった一年後、旭は、広島の大学に進学して、原爆スラムの母のもとに帰っていた。母に裁縫を習いにきていた京花（栗田麗）を、妻に迎え入れようとする。京花は二歳で被爆していた。皆実の死で心痛めた母は、被爆者である京花との結婚に反対する。だが旭は、姉、皆実の髪留めを渡して、京花に結婚を申し込む。髪留めは、被爆で即死した父からの贈り物。白地のセルロイドに薄い桃色で桜の花が散らせてある。皆実が死を前にして、母に託したものだった。ここもまた、胸に迫る場面である。

転勤にともなって東京に移り住み、桜の咲き誇る街のアパートで、身重となった京花に語りかける旭、その風景に満開の桜が、風花となってふりかかっている。ここのところ、映画は、まだ生まれていない七波に、こう言わせている。

「母からいつか聞いたのかもしれないけれど、こんな風景をわたしは知っていた。わたしはふたりを見ていた。そして確かに、この二人を選んで、生まれてこようと決めたのだ」

二つの物語をつなぐのは、「夕凪の街」の最後の台詞である。

原作では、すでに何も見えなくなった皆実が、夕凪の後の最初の風を感じて、「ああ風夕凪がおわったんかねえ」と独白する言葉を置き、「このお話はまだ終わりません　何度夕凪が終わっても　終わっていません」と結ばれる。

だが映画の方は、ここを、少しばかり優しくつないでいる。「何度夕凪が終わっても　このお話はまだ」までを皆実の声で、そして間をおかずに、「このお話はまだ　終わりません」と、七波の声を重ねる。

短い言葉の一つ一つに耳を傾けてみたい。そんな映画である。

①大田洋子『夕凪の街と人と　一九五三年の実態』大日本雄弁会講談社（一九五五年）。

②原爆医療法制定は敗戦から一二年ののち、一九五七年である。

一二　さらば、わが愛　覇王別姫

一九六六年　小楼は、紅衛兵の糾弾を受けて、妻の菊仙を告発した。

製作国：香港
公開年：一九九三年
時　間：一七二分
監　督：陳凱歌
出　演：レスリー・チャン、チャン・フォンイー、コン・リー
DVD：角川書店　二〇一二年

一九二四年。北洋軍閥政府下の北京、冬。九歳の小豆子が母親に手をひかれ、京劇養成所の門をくぐってきた。母は子を手もとに育てることができない。年季契約で訓練を受ける少年たちは誰も、同じような境遇にある。

過酷な鍛錬が続く。両足を無理に広げられて、小豆子が悲鳴をあげている。リーダー格の小石頭が庇おうとして、かえって罰を受ける。雪の夜、水を張った洗面器を頭上に持つ罰を受けている。

子どもの歓声が、門の外から聞こえる。

「サンザシの飴がけ」

あめ売りの声に、一人の少年が、こう、話しかける。

「何たって一番うまいのはサンザシの飴がけさ。一人前の役者になったら、三度のメシにサンザシの飴がけを食ってやる」

唾を飲み込む。その少年は訓練に耐えかね、養成所を無断で逃げ出してしまう。しかし、行くあても、帰るあてもない。ひどい仕打ちを覚悟して、ふたたび養成所の門をくぐる。苛烈な罰をまのあたりにしながら、サンザシを一つ一つ口に大きくほおばって、首を吊ってしまった。

冬から春、夏から秋、童年から少年、少年から青年へ。北京、陶然亭の池のほとり、朝霧の中、発声練習をする子どもたちの姿が、浮かび上がる。うっとりとするような、静かな場面である。

時代は盧溝橋事件の前夜、一九三七年になっている。この後すぐ、北京は日本軍の制圧下に入る。小石頭は段小楼の名で生（ション・男役）を、小豆子は程蝶衣となって旦（タン・女役）に。ともに京劇界の人気スターになっている。

二人が、京劇の代表作、覇王別姫を踊る。楚の覇王（劉邦）が垓下の戦いに敗れ、虞美人が自刃する、四面楚歌の物語である。段小楼を演じる張豊毅（チャン・フォンイー）の豪快な刀振り、程蝶衣を演じる張國榮（レスリー・チャン）の舞、昂然と湧き興る喝采、はなやかな京劇隆盛期の様子が映し出される。

小楼は、酒場で通い詰めた女性、菊仙と結ばれる。二人は平穏な生活を築こうとしていた。しかし美貌の旦、蝶衣は、京劇界の大物、袁世卿の寵愛を受けてアヘンにおぼれる。あろうことか、敵対する日本軍の宴席で、媚びるかのように、昆劇「牡丹亭」を踊ってしまう。このため蝶衣は、戦後、漢奸（売国奴）裁判に引き出されもする。

蒋介石が台湾に敗退した後、中国は共産党政権の時代に入る。

映画の終盤、小楼と蝶衣は、一九六〇年代の中国、文化大革命を生きている。男性だけで演じられる古典的大衆芸能、京劇は、この時、反動的因習の産物とみなされた。スターとして栄華を極めた二人が、むしろ、そのことによって、糾弾を受ける時代になっていたのである。

「告発する者には寛大に！拒む者には厳罰を！」

「共産党が来たら、前のようにやっつけてやる、とお前は言った」

段小楼に対する告発がはじまった。小楼もまた、誰かを告発しなければ、許してもらえない。思い切ったように、相方である蝶衣を、あげつらう。

「日本侵略軍のために芝居を、国を売ったんだ。国民党の敗軍にも。アヘンにおぼれ」

それでも許してもらえない。妻の菊仙を貶める言葉さえもが、出てしまう。

「菊仙はどんな身分だった？」

「娼婦だ。その女とはきっぱり縁を切る。今日限りだ」

遠巻きになってなじる群衆。ひとり菊仙が、呆然と、悄然と、最愛の伴侶、小楼を見つめ続ける。もう声もない。この場面を演じる鞏俐（コン・リー）の表情は、ことのほか、見事というほかない。

菊仙は、花嫁衣装を身に着けたまま、首を吊って自殺する。足下に、結婚衣装、刺繍をほどこした靴、小楼との結婚写真が置かれていた。

映画の冒頭に、二人の再会を思わせる場面がある。どちらともなく、「一一年ぶりに会ったのです」「確かによくなった」と言葉が交わされる。観客は、何を指してのことか、わからないまま、物語を追う。そして映画の最後、ここにきて、あの台詞が、文化大革命（一九六六～七六年）を指すものであったのだと、思い至る。

文化大革命では、多くの著名な、そして無名の人も、根拠のない告発と、理由のない非難を受けて、地位と職業を奪われた。遠く離れた地方への移住を命じられた。告発する側にいた紅衛兵の青少年も、やがて、僻遠の地での生活を強いられた。上山下郷運動、下放と称されている。

監督の陳凱歌その人も、下放体験者の一人である。

「文革は私にとってほとんど一生の問題です」

「こうして映画を撮るのも、あのような出来事は、もう決して起きてはならないと思っているからです」①

「指導者が誤って発動し、反動集団に利用され、党、国家各民族に大きな災難である内乱をもたらした」

文化大革命を批判的に総括した文書、中国共産党による歴史決議がなされたのは一九八一年。この後、生存者に対する復権、名誉回復が進められた②。

---

①陳凱歌・水野節子訳『さらば、わが愛　覇王別姫　中国語・日本語対訳シナリオ集』キネマ旬報社（一九九六年）二四頁。文中の台詞は映画字幕と本書を参照し一部を抜粋した。李碧華・田中昌太郎訳『さらば、わが愛　覇王別姫』早川書房（一九九三年）。

②陳凱歌には下放体験をもつ教師の物語「子供たちの王様」（中国　一九八七年）、日本軍に抵抗した京劇俳優、梅蘭芳（一八九四〜一九六一年）の生涯を描く「花の生涯」（中国　二〇〇九年）がある。

一三　ブラディ・サンデー

一九七二年　ジョン・ダディは、デリー・ロスヴィル通りで鎮圧部隊に射殺された。

製作国：イギリス、アイルランド
製作年：二〇〇二年
時　間：一〇五分
監　督：ポール・グリーングラス
出　演：ジェームズ・ネスビット、ティム・ピゴット=スミス、ニコラス・ファレル
DVD：パラマウントホームエンタテインメントジャパン　二〇一二年

一九七二年一月三〇日、日曜日、北アイルランドのデリー市。カトリック系住民を中心とする行進がはじまろうとしていた。

DERRY CIVIL RIGHT ASSOCIATION の横断幕。

下院議員のアイバン・クーパー（ジェームズ・ネスビット）が記者会見を行っている。

「北アイルランドではカトリックの市民が差別に苦しんできた。インターンメント（Internment：裁判なしの収容）が行われている。抗議する」

「心配ないよ。今日は平和な行進だ」

アイバンが、ミサへ行き交う人に、呼びかける。

一九四九年、アイルランドがイギリス連邦を離脱した後、イギリスにとどまった北アイルランドでは、カトリック系住民に対する差別的取り扱いが顕在化し、深刻な軋轢を引き起こしていた。デリー公民権協会は、この差別の撤廃を求めて一九六七年に設立された。まずはインターンメントの廃止である。

数千人の行進が動き出した。長い列が坂を下りる。中心街のウィリアム通りで右折、ロスヴィル通りへと折れて行く。集会が予定されたフリー・デリー広場まで後わずかという場所で、事件が起きた。

廃屋の上に鎮圧部隊の銃口がみえる。

「なぜ挑発する」

市民の投石を受けて、鎮圧部隊が反撃に出る。威嚇目的のゴム弾でない、実弾が放たれ、住民二人が射殺された。

「記念すべき日です。男も女も子どもも団結してここまで来ました」

アイバンは、いまだ事態を把握できていない。しかし、アイバンの声が、後方、グレンファダ公園から及ぶ喧噪に、かき消されていく。鎮圧部隊の大規模な攻撃がはじまっていたのである。

一七歳の少年マイケル・ケリーが実弾を受けて倒れる。

三四歳のジェラルドマッキニーは「撃たないでくれ」と叫んで射殺された。

一七歳のジェラルドドナヒー（ジェリーと呼ばれる）は、プロテスタントの女性と交際している。逮捕歴がある。ここで再逮捕されると、就職も結婚も難しくなる。

「ここにはいられない」

「帰らなきゃ」

逃げようとするジェリーに、銃弾が放たれた。

犠牲者が搬送された病院の場面。男性が声をかけている。

「アイバン、妻に何と言えばいい？どうすりゃいい！」

息子を射殺され、泣き叫ぶ男性を、アイバンが抱きしめる。

「ジャッキーを捜して！」

こういって、女性が声をかけてくる。その少年、ジョン・ダディは、ロスヴィル通りで射殺されていた。

記者会見。アイバンがこう報告する。

「二七名が銃弾を受け、一三名が死亡、何の罪もない人々です。これは虐殺です。軍による虐殺。恥ずべきことだが、それが事実だ」

しかしこの事実が公表されることはなかった。

イギリス政府は、鎮圧部隊の狙撃を自己防衛であったのだと説明。関係者全員を無罪(ウィッジャリー裁判)としてしまう。そのうえ、北アイルランド全体を、イギリス政府の直接統治下に置いたのである。

イギリス政府が、この「血の日曜日事件」の再調査を約束するのは、二六年ののち、イギリスとIRAのせい惨な殺戮と抗争、三〇〇〇人を超える犠牲者を数えた後のことである。一九九八年、ブレア首相が、北アイルランド問題の和平合意(ベルファスト合意)に署名する。

見る者は、映画の後半、グレンファダ公園での殺戮場面の様子、愁嘆場となる病院での、死亡した家族を探す人々の表情、会話、思い詰めたまなざしが、どれも尋常でないことに気づくことだろう。

監督のポール・グリーングラスは、狙撃する鎮圧部隊の配役を実際に鎮圧部隊の経験のある元イギリス兵に、住民役の大半を、この事件の犠牲者の家族その人に演じさせた。ジェリーを演じるデクラン・ダディは、犠牲者を叔父に持つ青年である。病院の場面では、アイバンのすぐ右を、亡くなったジョン・ダディの実の姉妹が、うつろな眼なざしのままに通り過ぎる。

原作者のドン・マランは、一五歳の時、この行進に参加し、目の前で友人が射殺された。

「事実だ」

「事実の解釈ではない」

「結論ではない」

「和解のプロセスを間違えているのだ」

重い言葉。それでいて、真実の言葉である。事実を直視することなしに和解はありえない。そう述べるのである[1]。

二〇一〇年六月一五日、イギリス下院で、キャメロン首相が、再調査の報告書（ザヴィルレポート）を手に、軍の制圧行動が市民の銃撃に対する反撃でなかったという事実、負傷者を救助する者までを射殺したという事実を認め、政府としてはじめて、事件の犠牲者に謝罪した。三八年を経ての謝罪である。

[1]ドン・マランの言葉はＤＶＤ所収の特典映像に収録されている。

一四　光州5・18

一九八〇年　高校生のジヌは、鎮圧軍の銃弾に倒れた。

製作国：韓国
公開年：二〇〇七年
時　間：一二四分
監　督：キム・ジフン
出　演：イ・ジュンギ、キム・サンギョン、イ・ヨウォン、アン・ソンギ、パク・チョルミン
DVD：角川エンタテインメント　二〇〇八年

韓国南部、全羅南道の道庁所在地、光州（広域）市。水面に稲穂が揺れる。道路の両側を大木がおおい、枝葉を揺らしている。その下を、くぐり抜けるようにタクシーが走る。

運転手のカンミヌ（キム・サンギョン）は、高校生の弟ジヌ（イ・ジュンギ）と二人暮らし。先輩のインボン（パク・チョルミン）に助けられて、やっとのこと、看護師のシネ（イ・ヨウォン）とデートの約束をとりつけた。人の良いミヌ、心優しいシネ、恋のてほどきをこらすインボン。暖かい笑いに包まれる。

約束の日曜日、一九八〇年五月一八日。ミヌとシネ、弟ジヌが文化劇場で映画を見ていると、催涙弾の煙が場内に広がってきた。一人の学生が逃げ込んできて、そう思う間もなく、軍人に叩きのめされてしまう。国立全南大学の正門前では、民主化を求める学生に、軍の鎮圧部隊が対峙していた。

映画の冒頭に、「本作は実話の映画化です」の文字があがる。光州事件である。

一九七九年一〇月二六日、韓国では、朴正煕大統領が暗殺され、全斗煥少将が粛軍クーデター（一二月一二日）で実権を掌握、非常戒厳令が敷かれていた。全土に、大学生を中心とした戒厳令撤廃を求めるデモが広がる。そして一九八〇年五月一七日、危機感を募らせた戒厳司令部は、戒厳令の拡大措置を発表。のちに大統領となる金大中、金泳三など、反体制政治家を逮捕した。

反政府運動の拠点と目された主要都市の大学に鎮圧部隊が配置され、光州市にも三つの空挺旅団と二〇の師団が投入された。市内のここかしこで、市民との衝突が起き、負傷者と犠牲者が出る。総合病院には、武力鎮圧に巻き込まれた瀕死の市民が、次々と運ばれてきた。懸命の手当にあたる医師と看護師。そこに、ミヌが思いを寄せる女性、シネの姿があった。

教室を出て抗議行動に向かおうとするジヌたち高校生を、校門で教師が押しとどめている。刻々と事態が悪化し、高校生にも犠牲者がでていたのである。もはや黙視してはいられない。再び外に向かうジヌたち。一度は制止した教師も、もう止めることができない。

「これを塗れば（催涙弾を浴びても）目が痛くならない」

教師が、教え子の目の下に、薬をこすりつけていく。

そのジヌが鎮圧軍の銃弾を受けて倒れる。こんどはミヌが、市民運動の拠点、道庁での立てこもりに参加する。通信が遮断され、報道管制がしかれた。犠牲者が増えていく。しかし、こうした事実は、一般の国民の目と耳には一切届かない。届かないまま、五月二七日午前四時、武力鎮圧の瞬間が迫る。

籠城する市民の最後の叫び、「俺たちは暴徒じゃない」が、悲しい。犠牲者は、死者だけで一九五名にのぼる（『韓国歴史地図』韓国教員大学校歴史教育科）。事件は「暴徒」による「暴動」と説明された。九月になって、鎮圧の責任者であった全斗煥が大統領に就任する。

七年後、一九八七年六月二九日、韓国では、民主化運動の高まりに押され、大統領の直接選挙を含む民主化が宣言される（六二九宣言）。光州事件で逮捕された金泳三が大統領となり（一九九三年）、光州の民主化運動を継承する立場を表明した。事件の公的な呼称は、「暴動」から、「光州民主化運動」へと変わる。金泳三の次には、光州事件で死刑判決を受けた金大中が、大統領に就任する（一九九八年）。五月一八日は、韓国の記念日「五・一八民主化運動記念日」となった。

鎮圧にあたった国軍兵士の多くは、徴兵された青年たちだった。そして彼らもまた、一般市民である。

金泳三大統領の時代、ニュースフィルムをまじえ、事件の惨状を大胆に挿入して話題となったテレビドラマ「砂時計」（一九九五年）では、民主化に尽力する主人公、ウソク検事（パク・サンウォン）の、武力鎮圧に荷担した体験に苦しむ姿が、印象的に描かれた。この映画「光州５・１８」では、はじめ戸惑いながら市民に銃を向ける兵士の、しだいに凶暴さを増していく表情が、捉えられている。

事件当時、日本のメディアの多くは、韓国軍の発表そのままに、事件を「暴動」と伝えていた。このことも忘れてはならないだろう。一九八〇年以降の韓国理解に欠かせぬことはもちろん、同時代の日本をふりかえる、一つの指標となる作品である。

一五　ホテル・ルワンダ

一九九四年　ポール・ルセサバギナは、撤退する国連軍を見送っていた。

製作国：イギリス、イタリア、南アフリカ共和国
製作年：二〇〇四年
時　間：一二二分
監　督：テリー・ジョージ
出　演：ドン・チードル、ソフィー・オコネドー、ニック・ノルティ、ホアキン・フェニックス
DVD：ジェネオン　エンタテインメント　二〇〇六年

一九九四年、アフリカ中部、人口七三〇万の国ルワンダで、一〇〇日間に八〇万人の住民が虐殺された。ルワンダジェノサイドである。

ルワンダでは、ベルギーによる植民地時代、人口の八割以上を占めるフツ系住民の統治に、少数派ツチ系住民が利用され、そのために意図的な人種対立が醸成されていた。

独立後もその対立は続いたが、一九九三年八月に停戦合意が成立。ＰＫＯルワンダ支援団（二五〇〇人）も派遣された。平和が目前にあるように、思われていた。

一九九四年四月六日、事態が一変する。フツ系のハビャリマナ大統領を乗せた飛行機が撃墜されて大統領が死亡。翌日になって、ツチ系の首相が護衛のベルギー兵とともに殺害された。フツ系過激派による、報復と憎悪を持った、ツチ系住民めがけての大虐殺がはじまる。

「ホテル・ルワンダ」は、この虐殺の中、首都キガリに建つミル・コリン・ホテルの支配人、ポール・ルセサバギナが、一二六八人の避難民をホテルにかくまい通した実話を、もとにした映画である。

ラジオから、ツチ系住民の抹殺を呼びかける声が、ひっきりなしに流れている。支配人のポールはフツ系、妻のタチアナはツチ系である。そのポールが、顔をしかめて、カーラジオに聴き入っている。

「なぜツチ族を嫌うか。植民地支配に協力し、土地を奪い搾取した。ゴキブリで人殺しだ」

ホテルの外では、フツ系の民兵たちの振るう大ナタによって、ツチ系住民が撲殺されている。断末魔の叫びが聞こえる。撲殺することを拒んだフツ系住民も、裏切り者として殺害されている。道端に死体が積まれ、放置されていた。

イギリス人記者が、虐殺の現場を取材してホテルに帰ってくる。

「映像を流せば世界が私たちを助けてくれる」

期待をよせるポール。

「もし助けにこなかったら？」

記者にこう問い返された、（ポールを演じる）ドン・チードルが、戸惑うような、悲しそうな表情をみせる。

記者が心配した通りになる。四月二〇日、国連安保理は、支援団を一〇分の一に縮小する決議を採択した。そのニュースを、目前の虐殺に怯える人々が、じっと聞いている。

子どもの歌声とともに、神父と修道女が、ホテルに避難してきた。しかし国連軍のバスは、白人だけを乗せて避難するようにと、命じられている。神父はバスへ、子どもたちはホテルへと、分けられてゆく。

雨の中、ポールたちが玄関前に立ち並び、バスを見つめて佇む。生死を分かつ瞬間であると、誰もがわかっている。印象的な場面である。

残されたホテルのスタッフに、ポールが語りかける。

「外国の協力者に連絡してくれ」

「危機を知らせて、お別れを。だがそのとき、電話を通して相手の手を握りなさい。手を離されたら死ぬと、伝えるんだ」

ミル・コリン・ホテルには、国連軍を指揮するオリバー大佐（ニック・ノルティ）が常駐していた。大佐は、虐殺をまのあたりにして、国連に支援団の増員を訴え続けた実在の人物、ルワンダ支援団の指揮官、ロメオ・ダレール少将がモデルとされている。政府系の実力者ビジムング将軍も、実在の人である。賄賂を求めて頻繁にホテルを訪れる。ポールは、こうした手の届く人脈を駆使して、避難民を虐殺から守り、ついに国外へと脱出させたのである。

とはいえ、「ホテル・ルワンダ」は、絶望的な虐殺を生き残ることのできた、奇跡の物語である。一部のフツ系住民が含まれるとしても、一一〇万を数えたツチ系住民の大半は、助かる術もないまま亡くなった①。

「ルワンダの涙」（ＢＢＣフィルム・ＵＫフィルム協会　二〇〇五年）は、キガリの公立技術学校で、ルワンダ支援団の撤収（四月一一日）直後、約二〇〇〇人の避難民ほぼ全員が虐殺された実話をもとにした映画である。「ホテル・ルワンダ」「バスの別れ」より一〇日ほど前の出来事ということになる。

①ルワンダジェノサイドをめぐる事実は、国連安保理報告"Report of the Independent Inquiry into the action of the United Nations during the 1994 genocide in Rwanda"(1999/12/16). 及び ICTR YEARBOOK 1994-1996 "International Criminal Tribunal for Rwanda"(1996/6/21)による。ＤＶＤにはポール・ルセサバギナ本人による虐殺記念館の紹介、証言者との対話などが収録されている。

DVD
VIDEO
HOTEL
RWANDA
A TRUE STORY
PREMIUM
EDITION

―――

ＤＶＤ『ホテル・ルワンダ（プレミアム・エディション）』

発売元：NBC ユニバーサル・エンターテイメント

販売価格：4,700 円（税抜）

HOTEL RWANDA © KIGALI RELEASING LIMITED 2004

※発売情報は本書発行時点のものである。

本書は、二〇〇九年から二〇一二年にかけて『季刊人間と教育』（民主教育研究所）に連載した映画紹介の中から一二作品、『季刊教育法』（エイデル研究所）に連載した映画評から二作品を選んで記述全体を書き直し、新たに一作品を書き起こしたものである。

エイデル研究所、民主教育研究所には、本書への採録を快く承諾していただいた。また、本書中の六枚の写真は、版権元の御許しを得て掲載することができた。エイデル研究所、民主教育研究所をはじめ、本書の刊行に際し、ご理解とご協力をいただいた皆様に、心より感謝の意を表したい。

◇初出一覧

・「戦争と人間」『季刊教育法』一一八号、エイデル研究所、一九九八年
・「カティンの森」『季刊人間と教育』第六七号、民主教育研究所、二〇一〇年
・「黄色い星の子どもたち」『季刊人間と教育』第七三号、二〇一二年
・「愛と哀しみのボレロ」本書のために書下ろし
・「白バラの祈り」『季刊人間と教育』第六四号、二〇〇九年
・「ひめゆりの塔」『季刊教育法』一二〇号、一九九九年
・「悲情城市」『季刊人間と教育』第七〇号、二〇一一年
・「ブラザーフッド」『季刊人間と教育』第六九号、二〇一一年
・「おじいさんと草原の小学校」『季刊人間と教育』第七四号、二〇一二年

・「君の涙ドナウに流れ」『季刊人間と教育』第六五号、二〇一〇年
・「夕凪の街　桜の国」『季刊人間と教育』第六三号、二〇〇九年
・「さらば、わが愛　覇王別姫」『季刊人間と教育』第七一号、二〇一一年
・「ブラディ・サンデー」『季刊人間と教育』第七二号、二〇一一年
・「光州5・18」『季刊人間と教育』第六二号、二〇〇九年
・「ホテル・ルワンダ」『季刊人間と教育』第六六号、二〇一〇年

梅野正信　　　　　　　　上越教育大学理事兼副学長
一九五五年　　　　　　　長崎生
一九八八～二〇〇八年　鹿児島大学講師、助教授、教授
二〇〇三年　　　　　　　博士（学校教育学）
二〇〇八～二〇一七年　上越教育大学教授
二〇一七年から現職
著書（単著）
『教育管理職のための法常識講座』上越教育大学出版会（二〇一五年）
『裁判判決で学ぶ日本の人権』明石書店（二〇〇六年）
『日本映画で学ぶ教育・社会・いのち』エイデル研究所（二〇〇五年）
『中学校社会科歴史教科書成立史』日本図書センター（二〇〇四年）

『いじめ判決文で創る新しい人権学習』明治図書（二〇〇二年）
『和歌森太郎の戦後史』教育史料出版会（二〇〇一年）
『社会科はどんな子どもを育ててきたか』明治図書（一九九六年）

映画で見なおす同時代史

2024年5月17日　初版発行

著　者　梅野　正信

発行所　株式会社　三恵社
〒462-0056 愛知県名古屋市北区中丸町2-24-1
TEL 052 (915) 5211
FAX 052 (915) 5019
URL http://www.sankeisha.com